JUNIOR SZIVÁRVÁNY

A MACSKÁK SZÍNEI

A SZÍNEK BEMUTATÁSA A FIATAL ELMÉKNEK

RAINBOW ROY

JUNIOR SZIVÁRVÁNY

A MACSKÁK SZÍNEI

A SZÍNEK BEMUTATÁSA A FIATAL ELMÉKNEK

RAINBOW ROY

A szivárvány tele
van mindenféle
színnel.

Együtt felfedezzük a színeket, és tanulunk a macskákról is.

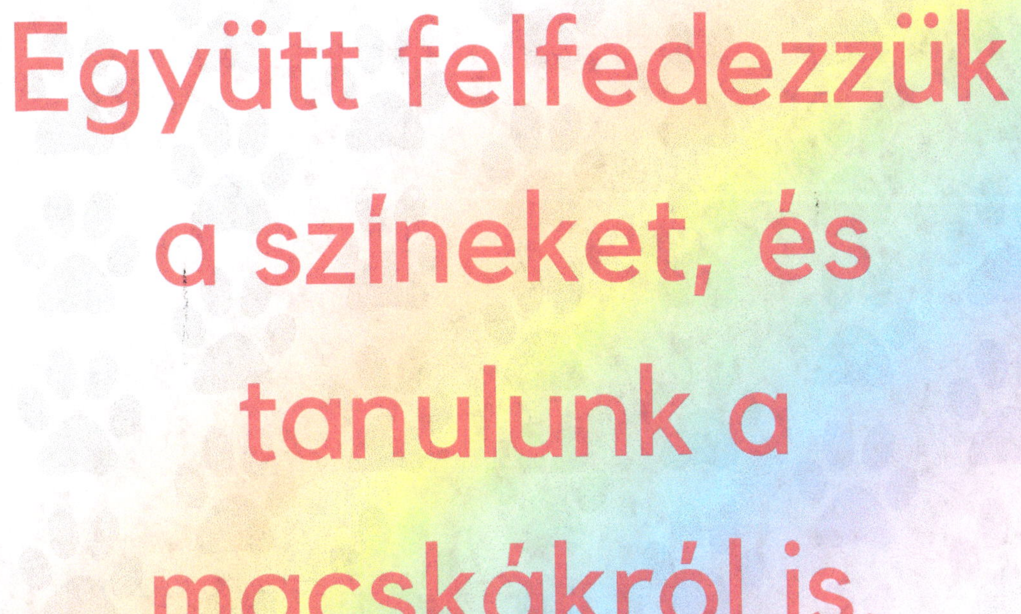

PIROS

Piros, mint az abesszin macska.

NARANCS

Narancs, mint egy cirmos macska.

SÁRGA

Sárga, mint egy sziámi macska.

ZÖLD

Zöld, mint egy egyiptomi mau macska szeme.

KÉK

Kék, mint egy orosz kék macska.

INDIGÓ

Indigó, mint ez a macskajáték.

LILA

Lila, mint ennek a macska nyakörvének.

Most pedig
nézzünk meg
néhány más színt
a szivárványon
kívül!

RÓZSASZÍN

Rózsaszín, mint egy szfinx macska.

BARNA

Barna, mint egy bengáli macska.

FEHÉR

Fehér, mint egy
török angóra.

FEKETE

Fekete, mint egy bombayi macska.

SZÜRKE

Szürke, mint egy brit rövidszőrű.

Most pedig lássuk, mit tanultál!

Milyen színű ez a macska?

Ez a macska narancssárga és fehér.

Milyen színű ez a macska?

Ez a macska szürke.

Milyen színűek ezek a macskák szemei?

A szeme
sárga.

Olyan okos vagy!
Mindig tanulj, és soha
ne felejtsd el a tanulás
iránti szeretetedet.